LES RELATIONS

DE

CHILDEBERT II ET DE BYZANCE

PAR

GEORGES REVERDY

Extrait de la *Revue historique*,
Tome CXIV, année 1913.

(Les tirages à part ne peuvent être mis en vente.)

PARIS

1913

LES RELATIONS

DE

CHILDEBERT II ET DE BYZANCE

PAR

GEORGES REVERDY

Extrait de la *Revue historique*,
Tome CXIV, année 1913.

(Les tirages à part ne peuvent être mis en vente.,

PARIS
1913

LES RELATIONS

DE

CHILDEBERT II ET DE BYZANCE

Parmi les documents les plus importants qui nous font connaître les relations de Childebert II, roi d'Austrasie, avec Byzance, il faut ranger vingt-quatre lettres appartenant à la collection des *Epistolae Austrasicae*[1]. Elles ont été écrites, — sauf une, qui est antérieure à 581, — de 584 (ou 585) à 590[2]. Les auteurs les ont datées de plusieurs manières : la chronologie la plus rigoureuse, établie par Hartmann[3], diffère sur presque tous les points de celle de l'éditeur allemand; elle ne saurait être définitive, l'auteur ayant, comme ses devanciers, fondu deux groupes de lettres qui ne sont pas de même date. Nous nous proposons, en comparant les *Epistolae Austrasicae* aux renseignements que nous donnent Grégoire de Tours, Jean de Biclar[4] et Paul Diacre[5], de retracer dans leur ensemble les rela-

1. Cette collection s'est formée sans doute à Metz, à la fin du VIe siècle. Cf. W. Gundlach, *Die Sammlung der Epistolae Austrasicae* (*Neues Archiv*, XIII (1888), p. 365-387). Les lettres qui la composent ont été publiées par Freher, *Corpus Francicae historiae...*, 1613, p. 182-212, reproduites par Du Chesne, t. I, et Dom Bouquet, t. IV. Une nouvelle édition, faite sur le manuscrit (Vatican. inter Palatinos, n° 869), a paru dans les *Monumenta Germaniae. Epistolae*, t. III, p. 110-153 [1892], par les soins de W. Gundlach. Les lettres 25-48, relatives à la négociation byzantine, forment la deuxième partie de la collection, p. 138-153. Cf. aussi Troya, *Codice diplomatico Langobardo*. Naples, 1852-1855, t. I, p. 84-135.

2. Gundlach, *Neues Archiv*, XIII, p. 372-378, estime que la collection des *Epist. Austras.* est antérieure à 585. Dans son édition, il est moins affirmatif. Cf. lettres 40 et 41, p. 145 et 147.

3. *Geschichte Italiens im Mittelalter*, II[1], c. III : *Langobarden und Franken*, p. 56-84.

4. Évêque de Gérone de 590 à 610. Continuateur de Victor de Tunnuna pour les années 567-590, éd. Mommsen, *Chronica minora* (dans les *Auctores antiquissimi*, t. XI), t. II, p. 165-177.

5. *Historia Langobardorum* (*Mon. Germ.*, 4°, *SS. rer. Langob. et Italic.*, *saec. VI-IX*). La chronologie de Grégoire est, à tous égards, plus sûre que celle de Paul Diacre : ce dernier reproduit, le plus souvent et parfois de façon inexacte, les données de l'*Historia Francorum*.

tions de Childebert II avec la cour de Byzance. Non que cet exposé n'ait été déjà fait; mais il est incomplet et parfois inexact dans les chapitres de Gasquet[1]; l'ouvrage, si remarquable, de Hartmann, laisse encore subsister des lacunes et des erreurs; de plus, la question y est examinée du point de vue de l'Italie. C'est la politique austrasienne que nous étudierons ici.

On connaît bien les relations de Théodebert Ier et de son fils Théodebald avec Justinien. Les Austrasiens, sous leur règne, descendirent plus d'une fois en Italie, appelés par les Byzantins pour chasser les Ostrogoths. Ils profitèrent de la situation pour s'établir dans la plaine du Pô, dont ils furent les maîtres de 540 à 553[2]. Les successeurs de Justinien ne laissèrent pas d'entretenir des rapports avec les rois francs. Justin II reçut des députés de Sigebert et conclut avec eux un traité[3]. Tibère fit présent à Chilpéric, qui lui avait envoyé une ambassade, de médailles en or à son effigie pesant une livre[4]. Mais c'est surtout avec le gouvernement d'Austrasie, avec la reine Brunehaut et son jeune fils Childebert II, qu'il eut à s'entendre. La raison en est simple.

Depuis 568, les Lombards s'étaient établis dans l'Italie du Nord[5], d'où Narsès, en 553, avait chassé les Francs[6] et qui ne demeura ainsi au pouvoir des Byzantins que pendant quinze ans. Les Lombards, dans leurs incursions, s'étaient même avancés jusqu'en Gaule[7], avec les Saxons qui les accompagnaient. Comme autrefois Justinien avait fait alliance avec Théodebert pour chasser les Ostro-

---

1. *L'Empire byzantin et la monarchie franque*, 1888, p. 183-204.

2. Cf. Gasquet, *op. cit.*, p. 162-178; Hartmann, *Gesch. Italiens*, t. 1, p. 283 et suiv. Ces faits nous sont racontés par Procope, *De Bello Gothico*, I, 13; III, 33; IV, 24. Nous les connaissons aussi par les *Epist. Austras.*, 18, 19 (Gundlach, p. 131-132). Sur les projets ambitieux de Théodebert, cf. Agathias, *Histor.*, I, 4.

3. Greg. Tur., *H. F.*, IV, 39.

4. Partis en 577, ces ambassadeurs revinrent en 581 (Greg. Tur., *H. F.*, VI, 2).

5. Marius Avent. (Mommsen, *Chronica minora*, t. II) ad ann. 569. Sur la légère erreur chronologique de Marius, cf. Richter, *Annalen des fränkischen Reichs...*, p. 70.

6. Greg. Tur., *H. F.*, IV, 9.

7. Ils défirent, en 571, le patrice Amatus. Ils furent battus en 572, à deux reprises, par le patrice Mummole : aux Chamousses, près d'Embrun, et à Estoublon, dans la cité de Riez, en Provence (Greg. Tur., IV, 42, 43; Paul, *Hist. Langob.*, III, 3-6). En 574, sous la conduite des ducs Taloard et Muccion, ils envahirent le territoire de Sion et occupèrent le monastère d'Agaune. Ils furent taillés en pièces à Bex (Baccis villa). Marius Avent. ad. ann. 574. En 575, trois ducs lombards pénétrèrent en Provence. Mummole les battit près de Grenoble, près d'Embrun et dans le delta du Rhône [lapideum campum = la Crau]; il les rejeta au delà des Alpes (Greg. Tur., *H. F.*, IV, 45).

goths d'Italie, Tibère se rapprocha des Austrasiens pour débarrasser ce pays des envahisseurs lombards. L'alliance de Chilpéric lui importait bien moins, les États de ce roi étant trop éloignés des Alpes pour que son action pût se tourner avec succès vers l'Italie. Gontran eût été mieux placé que tout autre pour conduire des armées dans la plaine du Pô, mais ce roi circonspect et timoré répugnait à une politique d'aventures et ses visées d'agrandissement se limitaient à la Gaule. Au contraire, l'Italie du Nord semble avoir exercé un attrait puissant sur les Austrasiens ; sa richesse, qu'ils avaient appréciée une trentaine d'années auparavant, leur laissait espérer de fructueux pillages. C'est l'Italie qui assurait le contact entre Byzance et les royautés franques. Les relations de ces puissances ne sont pas dominées, comme on l'a dit, par le souvenir de l'ancienne suprématie impériale, — il ne faut pas attacher une importance excessive à la survivance attardée de ses titres douteux, — mais bien par les visées des Byzantins et des Francs sur l'Italie, qui offrait un même objet à leurs convoitises, un même but à leurs efforts, et qui les réunit deux fois, malgré la rivalité de leurs intérêts, dans une entreprise de conquête.

La situation de l'Italie du Nord, aux environs de l'an 580, favorisait les projets de Byzance. Depuis la mort du roi Cleph[1], ce pays était partagé entre des ducs lombards indépendants, tels que Zaban qui régnait à Pavie, Wallaris à Bergame, Alichis à Brescia, Evin à Trente, Gisulf à Forumjulii (il possédait sans doute le Frioul et l'Istrie)[2]. Plusieurs d'entre eux, tout au moins le successeur de Gisulf, Grasulf, étaient passés au service de Byzance ; Grasulf conduisait même une négociation avec l'Austrasie pour le compte de l'empereur[3].

Tibère, proclamé César du vivant de l'imbécile Justin II[4], puis empereur en 577[5], envoya une ambassade au roi d'Austrasie, l'enfant Childebert II, pour conclure avec lui une alliance contre les Lombards, ennemis de l'empire. Elle fut devancée par l'envoyé de Grasulf, qui pressa les Austrasiens d'agir sans retard. Mais ceux-ci désiraient obtenir de l'empereur des engagements fermes, et, avant

---

1. Vers 575. Paul, *Hist. Langob.*, II, 32 : « Post eius mortem Langobardi per annos decem regem non habentes sub ducibus fuerunt. » Les autres documents, *Origo gentis Langob.* (éd. Waitz, *SS. rer. Langob. et Italic.*), Contin. Prosp. (Mommsen, *Chronica minora*, 2), Frédégaire (*SS. rer. Merov.*, II), liv. IV, 45, portent : douze ans. Cf. Hartmann, *op. cit.*, p. 63 et 82, n. 8.

2. Paul, *Hist. Langob.*, II, 32.

3. Comme il apparaît par la lettre que lui adresse Gogon. Voir plus bas.

4. Greg. Tur., *H. F.*, 20, vers 574.

5. Greg. Tur., *H. F.*, V, 31. Johann. Biclar. ad ann. 577 (p. 215).

tout, se faire donner une somme d'argent suffisante pour entreprendre l'expédition. Le gouverneur de Childebert, Gogon, écrivit au nom de son maître à Grasulf, pour savoir si l'empereur lui avait donné pleins pouvoirs ; dans le cas contraire, il convenait d'attendre, disait-il, l'arrivée des envoyés impériaux en Austrasie. Le jeune roi protestait de son zèle ; il était désireux de voir la question résolue au plus tôt, préparait à l'ambassade de Tibère une réception digne d'elle et se déclarait prêt à prouver par des faits son attachement à l'empire[1]. Nous ignorons complètement le résultat de cette ambassade. Ni Grégoire de Tours, ni Paul Diacre n'en font mention ; ils ne nous apprennent rien sur les relations de Childebert II et de Tibère[2].

Avec Maurice[3], c'est la politique d'intervention active, déjà pra-

---

1. *Epist. Austras.*, 48, p. 152-153. — Gisulf, prédécesseur de Grasulf (Crivellucci, *Dei primi duchi Longob. del Friuli*, dans les *Studi Storici*, I, croit que Grasulf était le fils de Gisulf. L'index des *Mon. Germ.*, — *SS. rer. Langob. et Italic.*, — le désigne comme son frère. La question ne peut être résolue), était encore duc de Forumjulii en 575 (Paul, *Hist. Langob.*, II, 9, 32. Cf. page précédente n. 1). La lettre est postérieure à cette date. Elle a été écrite pendant la minorité de Childebert II, dont Gogon était le « nutricius ». Gogon mourut en 581 (Greg. Tur., *H. F.*, VI, 1). Ce que Frédégaire nous dit de ce personnage (III, 58, 59) est certainement faux. — Tibère était alors soit César, soit empereur (Johann. Biclar. ad ann. 577 et 582, p. 215 et 216). La dernière phrase de la lettre semble indiquer qu'il se disait « le père » de Childebert, comme fera Maurice. Cette désignation honorifique (cf. Gasquet, *op. cit.*, p. 56 et suiv.) marque les relations étroites qui s'étaient nouées de nouveau entre les empereurs et les rois d'Austrasie. — La négociation de Grasulf eut lieu sans doute après une expédition des Lombards. Peut-être les Byzantins voulaient-ils s'opposer aux entreprises de Faroald, duc de Spolète, qui aurait, suivant le témoignage de Paul Diacre, dévasté Classis aux environs de l'an 580 : « Hac etiam tempestate, Faroald, primus Spolitanorum dux, cum Langobardorum exercitu Classem invadens, opulentam urbem spoliatam cunctis divitiis nudam reliquit » (Paul, *Hist. Langob.*, III, 13). Mais la date de cet événement est assez incertaine. Paul Diacre emprunte le renseignement à l'épitaphe de Droctulf, qu'il cite plus loin (III, 19) :

> « Inde etiam retinet dum Classem fraude Faroaldus,
> Vindicet ut Classem, classibus arma parat. »

2. Dans une lettre du 5 octobre 580 (*Mon. Germ. Epist.*, III, p. 448-449 ; Jaffé *Regesta* 1048), peut-être inspirée par Tibère, le pape Pélage prie l'évêque d'Auxerre, Aunarius, d'agir auprès de ses rois (Childebert II et Gontran) pour les décider à rompre avec les Lombards : « Vos decuerat, qui illic catholicae membra estis ecclesiae... omnibus quibus viribus valeretis, paci quietique nostrae concurrere... vestris regibus instantissime suadeatis, quatenus ab amicitiis et conjunctione nefandissimi hostis Langobardorum... se segregare festinent. » Il apparaît, par ce passage, que les Austrasiens hésitaient déjà entre l'alliance lombarde et l'alliance byzantine.

3. Il succéda à Tibère en 582 (Johann. Biclar. ad ann. 582, p. 216. Cf. aussi p. 209-210).

tiquée par Justinien, qui va rapprocher les Francs de Byzance. Tandis qu'en Espagne l'empereur soutiendra le catholique Hermenegild, révolté dès 580 contre son père, l'Arien Leuvigild[1], en Italie, il entreprendra décidément, avec l'aide des Francs, l'expulsion des conquérants lombards. Les défections de ses alliés n'entameront pas sa résolution et ne briseront pas la continuité de son effort.

En Gaule, il fut, dès le début de son règne, en relations avec Brunehaut qui gouvernait l'Austrasie au nom de son fils. La reine avait fort à faire pour défendre le royaume de Childebert II contre la cupidité des oncles de l'enfant, Chilpéric et Gontran[2]. Ce dernier avait fait alliance avec son neveu en 577[3]; mais il ne s'empressait pas de lui restituer les cités qu'il s'était appropriées à la mort de Sigebert (notamment la moitié de Marseille)[4]. L'alliance avait peut-être pour objet, dans l'esprit de Brunehaut et de Gontran, de réduire l'aristocratie. Celle-ci prit néanmoins le dessus, en Austrasie, à la mort de Gogon (581); elle força Childebert à se rapprocher de Chilpéric et à menacer Gontran[5]. Mais Brunehaut s'accommoda sans trop de difficultés de ce changement de régime qui lui permettait de demander des comptes au roi de Bourgogne. Tandis qu'elle encourageait l'évêque de Marseille, Théodore, à résister aux agents de Gontran, elle faisait réclamer à ce roi la moitié de la cité qu'il détenait injustement[6]. Enfin, elle ne parait pas avoir été étrangère aux menées du prétendant Gondovald[7], dirigées avant tout contre Gontran. L'aventurier opéra avec la complicité des grands d'Austrasie et fut leur victime. Il put compter sur la neutralité bienveillante de Brunehaut[8], fut accueilli à Marseille par l'évêque Théodore et tra-

---

1. Hermenegild comptait sur le secours des Byzantins (Greg. Tur., *H. F.*, VI, 43). En 580, Leuvigild envoya au préfet impérial 30,000 sous d'or pour le détacher du parti de son fils (Greg. Tur., *H. F.*, V, 39). Les Byzantins possédaient encore quelques villes sur la côte d'Espagne.

2. Brunehaut avait été elle-même détenue par Chilpéric (Greg. Tur., *H. F.*, V, 1 et suiv.).

3. A Pompierre, sur la Mouzon (Greg. Tur., *H. F.*, V, 18).

4. Greg. Tur., *H. F.*, VI, 11.

5. Greg. Tur., *H. F.*, VI, 1.

6. Greg. Tur., *H. F.*, VI, 11. Sur les griefs de Brunehaut et de Childebert contre le roi de Bourgogne, voir aussi *H. F.*, VI, 31.

7. Bâtard de Clotaire Iᵉʳ, Gondovald s'était réfugié à Constantinople, où Gontran-Boson, noble austrasien, vint le chercher pour l'opposer à Gontran et à Chilpéric, unis depuis 581 (Greg. Tur., *H. F.*, VI, 19). Il fut dépouillé, puis livré par ses complices (*H. F.*, VI, 24; VII, 10, 14, 26, 38 [582-584]). Cf. Fauriel, *Hist. de la Gaule méridionale*, 1836, II, p. 222-307; Loebell, *Gregor von Tours und seine Zeit.*, 2ᵉ éd. Leipzig, 1869, p. 196, n. 3; Gasquet, *op. cit.*, p. 183-193.

8. Greg. Tur., *H. F.*, VI, 11.

vailla à restituer à Childebert les villes que Gontran lui avait volées[1]. La reine d'Austrasie lui était certainement favorable. Gontran le savait; aussi rendit-il Marseille à Childebert en l'exhortant à se séparer de sa mère[2].

On a dit que Maurice encouragea Gondovald. Il est vrai que l'empereur était, dès cette époque, l'allié de Childebert II, qui l'appelait « son père »[3], et qu'ayant besoin du secours de l'Austrasie contre les Lombards, il a pu, en retour, seconder les efforts de Brunehaut pour paralyser le roi de Bourgogne. Il a peut-être suggéré l'idée de l'entreprise, et, par l'intermédiaire de Brunehaut, engagé Gontran-Boson à se rendre à Constantinople. Son intérêt était de frayer aux Austrasiens la route de l'Italie, et Gontran pouvait y mettre obstacle[4]. Néanmoins, il y a quelque exagération dans la thèse de Gasquet; Maurice n'a prêté aucun secours matériel à Gondovald et ne semble pas avoir attaché beaucoup d'importance à son entreprise[5].

Peu après son avènement, en 582 ou 583, Maurice conclut un traité avec Childebert. Moyennant le paiement de 50,000 sous d'or, le roi s'engageait à chasser les Lombards d'Italie[6]. Il ne mit aucun

1. Greg. Tur., *H. F.*, VII, 26 : « In civitatibus enim quae Sigyberti regis fuerant, ex nomine regis Childeberti sacramenta suscipiebat; in reliquis autem, quae aut Gunthramni aut Chilperici fuerant, nomine suo quod fidem servarent jurabant. »

2. Voir notamment Greg. Tur., *H. F.*, VI, 24, 33 ; VII, 32, 33, 34.

3. Cf. *supra*, p. 4, n. 1.

4. Hartmann, *Gesch. Italiens...*, II¹, p. 62.

5. Greg. Tur., *H. F.*, VI, 24 : « Guntchramnus vero dux (sans doute : rex) adprehensum Theodorum episcopum in custodiam pro hac causa detrusit, reputans cur hominem extraneum intromisisset in Gallias, voluissetque Francorum regnum imperialibus per haec subdere ditionibus. » Gontran croyait-il sérieusement que Gondovald songeait à remettre la Gaule sous la domination impériale? Le fait paraît bien invraisemblable. Sur les monnaies de Maurice trouvées en Gaule, cf. Gasquet, *op. cit., loc. cit.;* Soetbeer, dans *Forsch. z. deutsch. Gesch.*, I, 621.

6. Greg. Tur., *H. F.*, VI, 42 (ann. 584) : « Ab imperatore autem Mauritio ante hos annos quinquaginta milia soledorum acceperat, ut Langobardos de Italia extruderit. » Cf. Paul, *Hist. Langob.*, III, 17; Greg. Tur., *H. F.*, VIII, 18 (ann. 585) : « Childebertus vero, compellentibus missis imperialibus qui aurum quod anno superiore datum fuerat, requirebant... » Gundlach, *Neues Archiv*, XIII, p. 373, n. 2, traduit « anno superiore » non comme un ablatif de temps, mais comme un datif d'intention (superiori). Il n'admet pas que l'empereur ait acheté à deux reprises (en 582 et en 584) l'aide des Austrasiens; en 585, Maurice eût réclamé non seulement la somme versée en 584, mais aussi les 50,000 solidi payés en 582. Le sens donné par Gundlach aux mots « anno superiore » nous paraît inadmissible [Giesebrecht, cf. *Greg. Tur. opera*, éd. Arndt (*SS. rer. Merov.*, I), p. 282, n. 1, croit que le passage cité plus haut (*H. F.*, VI, 42) a été ajouté plus tard par Grégoire]. Nous acceptons sans rien y changer la donnée de l'*Historia Francorum*.

empressement à tenir sa promesse et ne répondit que par l'envoi d'ambassades à l'empereur qui lui demandait de s'exécuter. Maurice l'ayant sans doute pressé d'attaquer les Lombards, il finit par se mettre à la tête d'une armée et partit, en 584, pour l'Italie[1]. Les Lombards, à cette nouvelle, craignirent d'essuyer un désastre et firent leur soumission à Childebert. Ils lui donnèrent de nombreux présents et promirent, suivant Grégoire de Tours, d'être ses fidèles sujets. Paul Diacre ne parle que d'un traité de paix[2]. C'est avec les duc lombards, maitres des diverses cités, que Childebert le signa[3]. Aussitôt après, il revint en Gaule avec son armée, dans l'intention de marcher sur l'Espagne ; mais il ne donna pas de suite à ce projet.

La situation politique de l'Espagne, à cette date, mérite de retenir notre attention. Il est impossible, si l'on n'en tient pas compte, de s'expliquer la conduite de Childebert et de sa mère. Hermenegild, qui avait épousé Ingonde, fille de Brunehaut[4], était toujours révolté

1. Greg. Tur., *H. F.*, VI, 42. Cf. Johann. Biclar. ad ann. 584 (p. 217).

2. *Hist. Langob.*, III, 17.

3. *Ibid.* « Langobardi vero in civitatibus se communientes... pacem cum Childeberto fecerunt. » Ces faits sont antérieurs au mois de septembre 584. Grégoire (VI, 45) parle d'une ambassade des Goths qui arriva aux calendes de septembre. Il présente ici les faits dans l'ordre chronologique.

4. Le tableau généalogique suivant montre la parenté des rois d'Austrasie et des souverains wisigoths :

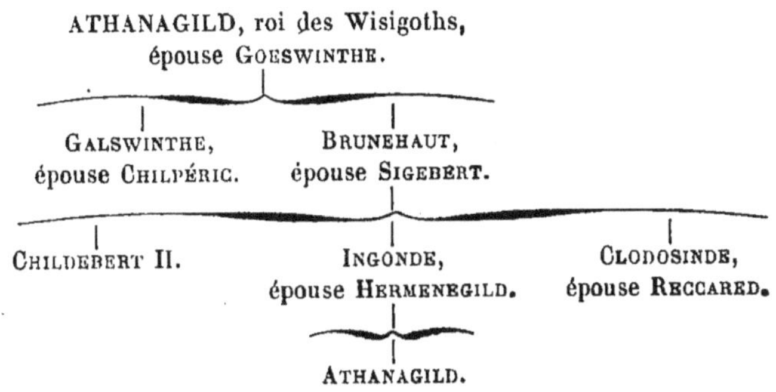

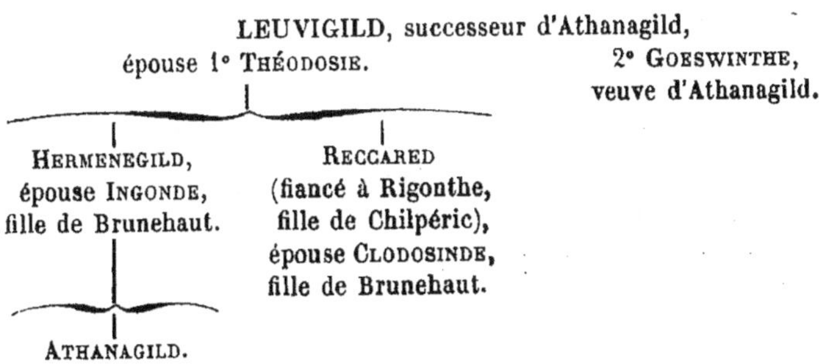

contre son père Leuvigild[1]. Ce dernier détacha le roi de Galice du parti de son fils, s'empara d'Hermenegild en 584 et le condamna à l'exil[2]. Mais la femme du vaincu, Ingonde, et son jeune fils Athanagild étaient aux mains des Byzantins[3]. Ingonde, conduite par eux à Constantinople, mourut en Afrique en 585[4] ; son fils eut désormais pour résidence la ville impériale. Quant à Hermenegild, il fut assassiné la même année, sur l'ordre de son père[5].

Ces événements ne laissèrent pas les rois francs indifférents. Childebert, après le semblant d'expédition fait en 584 contre les Lombards, songea, nous l'avons vu, à se porter en Espagne. C'était pour prêter secours à son beau-frère Hermenegild. Nous ne savons pour quelle cause il n'en fit rien. Leuvigild, qui négociait depuis longtemps le mariage de son second fils Reccared avec Rigonthe, fille de Chilpéric[6], envoya à ce roi une ambassade chargée de nombreux présents, pour parer aux effets de la colère de Childebert, qu'il prévoyait[7]. Quant à Gontran, il profita de l'occasion qui s'offrait à lui, et, sous prétexte de venger la mort d'Hermenegild, se mit en devoir de conquérir la Septimanie qu'il convoitait[8]. Les troubles d'Espagne détournèrent un instant l'attention du roi d'Austrasie des affaires d'Italie.

Cependant, Maurice, dont les généraux ne cessaient pas de combattre les Lombards, songeait au profit qu'il pouvait tirer de cette situation. En la personne de l'enfant Athanagild, il possédait un otage dont il pouvait user contre le successeur désigné d'Hermenegild, Reccared, et de cet otage les souverains d'Austrasie auraient voulu s'assurer pour la même raison. Athanagild allait lui servir à se ménager l'appui de Childebert II et de sa mère.

Le roi d'Austrasie et surtout Brunehaut pouvaient tenir à l'enfant

1. Greg. Tur., *H. F.*, VI, 29, 33 (ann. 583 et 584).

2. Johann. Biclar. ad ann. 584 (p. 216) : « Leovigildus rex filio Hermenegildo ad rem publicam commigrante Hispalim pugnando ingreditur, civitates et castella, quas filius occupaverat, cepit, et non multo post memoratum filium in Cordubensi urbe comprehendit et regno privatum in exilium Valentiam mittit. » Cf. Greg. Tur., *H. F.*, VI, 43. Grégoire dit que Leuvigild emmena son fils à Tolède. Il ne précise pas le lieu de l'exil.

3. Hermenegild les avait laissés avec l'armée byzantine lors de la dernière campagne (Greg. Tur., *H. F.*, VIII, 28).

4. Greg. Tur., *H. F.*, VI, 40, 43. Paul (*Hist. Langob.*, III, 21) fait mourir Ingonde en Sicile.

5. Greg. Tur., *H. F.*, VIII, 28. Johann. Biclar. ad ann. 585 (p. 217) : « Hermenegildus in urbe Tarraconensi a Sisberto interficitur. »

6. Greg. Tur., *H. F.*, VI, 34, 45.

7. *Ibid.*, VI, 40.

8. *Ibid.*, VIII, 28.

par affection. Il rappelait à la reine une fille bien-aimée[1]. Mais la possession d'Athanagild, légitime héritier du trône d'Espagne, leur aurait surtout permis d'intimider Leuvigild et Reccared, alliés de leur ennemi Chilpéric. Gasquet suppose que Brunehaut et Childebert craignaient de voir se renouveler un jour, à leur détriment, une tentative semblable à celle de Gondovald[2]. C'est là une hypothèse peu vraisemblable. La preuve que Brunehaut eût voulu se servir de son petit-fils pour menacer les rois d'Espagne, c'est qu'après l'entente avec Reccared les souverains d'Austrasie n'insisteront plus pour qu'on leur rende l'enfant.

En 584, donc, Childebert avait accepté les offres des Lombards au mépris de ses conventions avec Maurice[3]. L'empereur lui fit réclamer l'année suivante la somme, — ou les sommes, — qu'il lui avait versées. Une première fois, confiant dans ses forces, le roi n'avait donné aucune réponse[4]. Puis il avait envoyé à Constantinople l'évêque Jucundus et le cubiculaire Cotron, pour affirmer son attachement à l'empire. Maurice les reçut bien, mais il écrivit au jeune roi une lettre, qui nous a été conservée, où il le mettait en demeure de passer des paroles aux actes et de prouver le dévouement qu'il affirmait si souvent[5]. Cette ambassade et cette sommation n'auraient

1. Voir notamment *Epist. Austras.*, 27, p. 139, l. 29.

2. *Op. cit.*, p. 201.

3. Comparer avec la conduite des rois francs envers Justinien en 536 (Procope, *Bell. Goth.*, I, 13 ; Agathias, *Histor.*, I, 4, 6).

4. Greg. Tur., *H. F.*, VI, 42.

5. *Epist. Austras.*, 42, p. 148-149. Cette lettre est celle dont la datation présente le plus d'incertitude. Nous estimons qu'elle fut écrite en 584 ou 585, après que l'empereur Maurice eut envoyé sans succès une ambassade à Childebert II pour lui réclamer l'argent de la campagne. Maurice ne se contenta pas des assurances que lui portaient Jucundus et Cotron. Le sens de sa réponse est très net : il veut des actes et non des propos de jeune homme, qui ne sont suivis d'aucun effet. Il invoque les engagements solennels que Childebert a conclus avec lui, ses « promesses écrites, confirmées par l'Église et renforcées par les serments les plus redoutables ». — Il s'agit là du traité formel qui suivit l'avènement de Maurice et qui, après trois ans (un si long temps), n'avait pas reçu un commencement d'exécution. La phrase : « Nos tamen imperialem benevolentiam sequentis... » montre que Childebert avait manqué gravement à ses engagements. Le roi d'Austrasie avait fait plus que de tarder ; il avait traité avec les Lombards, sans les combattre. — D'autre part, cette lettre fut écrite avant l'expédition, également inachevée, de 585. Le récit de Grégoire ne permet pas de douter que la reprise de la guerre eut pour cause la capture d'Ingonde et d'Athanagild par les Byzantins (cf. note suivante). Childebert, en 585, chargea Babon et Gripon d'aller à Constantinople réclamer son neveu (voir plus loin) ; si la lettre de Maurice avait suivi l'envoi de cette ambassade, il y serait question d'Athanagild. — On pourrait toutefois supposer que la date de la lettre est postérieure à 588, puisqu'à partir de ce moment, ainsi que nous

peut-être pas eu plus de succès que les précédentes si, sur ces entre faites, le bruit de la captivité d'Ingonde et d'Athanagild n'était venu à se répandre. Le passage de Grégoire de Tours laisse entendre que ce fut là la raison du changement d'attitude de Childebert[1]. En 585, il résolut d'envoyer une armée en Italie. Mais, ce que Grégoire ne nous dit pas, l'entrée en campagne fut précédée par l'envoi d'une ambassade à Constantinople[2].

Les envoyés de Childebert, Babon et Gripon, emportaient des lettres[3] pour l'impératrice Anastasie et le jeune fils de Maurice,

le montrerons, la possession du jeune prince wisigoth par les Byzantins n'intéresse plus l'Austrasie. On s'expliquerait ainsi l'absence de toute allusion à la captivité d'Athanagild. Mais comment, dans cette hypothèse adoptée par Hartmann (*Gesch. Italiens*, II[1], p. 84, n. 15), expliquer la phrase : « Dum in scriptis pollicita, atque per sacerdotes firmata... tanto tempore excesso, nullum effectum perceperunt. » A la date de 590, Childebert avait prouvé suffisamment sa bonne volonté pour l'empire, puisque ses armées avaient essuyé le désastre de 588 et avaient repris, en 589 et 590, le chemin de l'Italie (voir plus loin). En 591, l'exarque Romanus attendait encore la venue d'une armée franque de secours (*Epist. Austras.*, 40 et 41, p. 145-149). Selon toute vraisemblance, la lettre de Maurice n'a pas été écrite après 588. Si elle est antérieure à cette date, elle a suivi de près l'ambassade impériale de 584 et précédé la nouvelle de la capture d'Athanagild.

1. Greg. Tur., *H. F.*, VIII, 18 : « Childebertus vero rex, compellentibus missis imperialibus, qui aurum quod anno superiore datum fuerat, requirebant, exercitum in Italiam dirigit. Sonus *enim* erat sororem suam Ingundem jam Constantinopoli fuisse translatam. » Malgré les nombreux exemples de *enim* mis pour *autem* que M. Bonnet a relevés (M. Bonnet, *le Latin de Grégoire de Tours*, p. 317-318), nous croyons que le mot a ici son sens explicatif habituel.

2. Il semble, d'après son récit, que l'empereur ait insisté et envoyé une nouvelle ambassade. Cf. Paul, *Hist. Langob.*, III, 22 : « Rursus Mauritius Augustus legatos ad Childepertum mittens, eum ut contra Langobardos in Italiam exercitum dirigeret persuasit. » Les envoyés de Maurice se sont croisés avec ceux de Childebert.

3. *Epist. Austras.*, 43-47, p. 149-152. Hartmann, *Gesch. Italiens*, II[1], p. 69-70, date ces lettres de 588 ; Gundlach, *Neues Archiv*, XIII, p. 375 et n., de 585. Les deux auteurs ne distinguent pas l'ambassade de 585, qui portait ces lettres, de celle de 588 (voir plus loin). La distinction est essentielle. — La deuxième partie de la collection n'est pas ordonnée suivant un plan chronologique (voir plus loin); mais elle comprend plusieurs groupes, dont l'auteur de la collection n'a pas mêlé et brouillé les éléments, et qui se caractérisent par le sujet traité, par certains détails de fait ou par des constructions, des formules et une composition semblables. Tels sont le groupe de 585 qui nous occupe, celui de 588 (lettres 25-39) et celui de 590 (lettres 40, 41). — Le sujet traité est le même dans les lettres 43, 44, 45. Il est question de la mise en liberté d'Athanagild, tombé par hasard (casus fortuitus, l. 43; casu faciente, l. 44; casu contigit, l. 45. On remarquera la construction identique de la phrase dans les trois cas) aux mains des Byzantins. — Nous faisons rentrer dans ce groupe la lettre 46, adressée au patriarche Laurent de Milan; mais pour d'autres raisons. Elle n'est

Théodose, ainsi que pour le patriarche de Constantinople[1]. Elles devaient intéresser ces personnages au sort d'Athanagild. Ces lettres ne traitent guère que de l'enfant. Childebert et Brunehaut y demandent avec instance sa mise en liberté; pour ce prix, Childebert, qui est désormais en âge de traiter et de combattre, — il a quinze ans, — suivra « avec plus de fermeté » une politique qui réponde aux désirs de l'empereur. C'est ce que Brunehaut assure à l'Augusta[2]. Le petit Théodose est prié d'intercéder auprès de son père[3]; Childebert essaie de l'émouvoir, de faire naître en lui la sympathie et la pitié

pas séparée des autres dans la collection, elle est de longueur à peu près égale et commence par le même développement que la lettre 45. Mais cela ne suffirait pas. Un détail de fait se retrouve dans les lettres 44 et 46, ainsi que Gundlach l'a noté. Childebert fait savoir au destinataire qu'il est en âge de gouverner et de faire la guerre [rex illam aetatem pertingeret qua... causas utriusque gentis pertractaret, l. 44; divina clementia ea nos aetate corroborat, ut catholicae parti nostra non desint solatia, l. 46]. Nous pouvons ainsi établir deux faits : 1° les lettres 43, 44, 45, 46 ont été confiées à une même ambassade; 2° cette ambassade est partie pour Constantinople en 585. C'est en effet à cette date que Childebert commence à régner, après la mort de son second « nutritor » Wandelin, l'instrument des grands; après l'alliance du roi d'Austrasie avec Gontran en vue de combattre l'aristocratie. Remarquer les paroles de Gontran à l'armée : « Videte, o viri, quia filius meus Childeberthus jam vir magnus effectus est, videte et cavete ne eum pro parvolo habeatis » (585, avant l'expédition en Italie). Greg. Tur., *H. F.*, VII, 33; cf. aussi VIII, 22. En 585, Childebert avait quinze ans : il était majeur. Cf. Waitz et Giesebrecht, cités par Gundlach, *op. cit.*, p. 375, n. 3. — Ces lettres ne peuvent avoir été écrites en 588, comme le suppose Hartmann. A cette date, les souverains d'Austrasie n'ont plus intérêt à réclamer Athanagild. Dans aucune des lettres de 588 sa mise en liberté n'est demandée. D'autre part, en 585, aucune lettre ne lui est adressée personnellement (il était sans doute trop jeune). S'il était besoin d'autres preuves pour établir la distinction des deux envois, on ferait remarquer que les quatorze lettres de 588, toutes rédigées sur le même modèle, sont plus courtes que celles de 585; une d'elles est adressée à l'impératrice (elle ne traite, comme les autres, que de la paix et point du tout de la libération d'Athanagild); elle eût fait double emploi avec la lettre 44. — La cinquième lettre du groupe (47) est de date moins sûre que les précédentes. Nous ne l'en séparons pas, parce qu'elle n'en est pas séparée dans le manuscrit; parce qu'elle contient des souhaits semblables à l'adresse de l'empereur [« per (Deum) qui vestrum culmen Romanam rempublicam longa feliciter faciat serie (annorum) gubernare et sic desideria Tranquillitatis vestrae *de propria parentilla vel filiorum vita* dignetur implere majestas aeterna »]; parce que le fils de Scaptimund, parent du roi d'Autrasie, avait sans doute été fait prisonnier en même temps qu'Athanagild; enfin, parce que les ménagements employés par Childebert, même si l'on tient compte des formules de chancellerie hyperboliques, montrent qu'il avait des torts envers Maurice. Cette lettre n'a d'ailleurs qu'un intérêt fort secondaire.

1. Jean, dit le Jeûneur, 582-585.
2. Lettre 44, p. 150.
3. Lettre 43, p. 149.

pour l'orphelin. Une seule lettre est adressée à l'empereur : Childebert y demande la mise en liberté d'un de ses parents, le fils de Scaptimund, sans doute un compagnon de captivité d'Athanagild[1]. Gripon et Babon devaient, en passant en Italie, donner une lettre au
patriarche de Milan, Laurent, à qui Childebert annonçait l'arrivée
des Francs en le priant d'avertir promptement l'exarque, pour que
les opérations ne subissent aucun retard[2].

De son côté, l'armée austrasienne, commandée cette fois par de
simples généraux, se mit en route pour l'Italie. Nous ne savons pas
si elle y parvint. Elle ne semble pas avoir attaqué l'ennemi. La dis-
sension s'étant mise entre les chefs, ils revinrent sans avoir rien fait
ni obtenu. Ces chefs n'étaient sans doute pas disposés à combattre
les Lombards pour servir les desseins de Byzance. Il leur importait
seulement de piller et, dans les expéditions qui suivirent, ils ne se
montrèrent pas capables d'autre chose. Pour cette fois, ne pouvant
pas s'entendre sur la proie qu'il fallait assigner à chacun, ils n'eurent
même pas cette ressource et s'en retournèrent « sine ullius lucri con-
quisicione »[3].

Byzance ne devait plus compter que sur elle-même, semblait-il,
pour arracher l'Italie aux Lombards. Childebert était disposé à s'entendre avec eux. Les armées de Gontran guerroyaient sans succès
contre Reccared[4] et Maurice ne songeait même pas à s'adresser au
roi de Bourgogne. Les Lombards, après être restés dix ans sans roi,
avaient compris le danger que cette anarchie leur faisait courir. Ils
se donnèrent, en 585, un chef unique, le fils de Cleph, Autharis[5].
Ce choix fut l'œuvre des ducs Lombards, qui sacrifièrent leur indé-
pendance pour résister plus sûrement aux attaques des Francs et de
l'Orient. L'armée austrasienne aurait peut-être subi en 585 un échec
comparable à celui qu'elle devait essuyer en 588, si elle s'était ris-

1. Lettre 47, p. 152.
2. Lettre 46, p. 151.
3. Greg. Tur., *H. F.*, VIII, 18. Paul, *Hist. Langob.*, III, 22, parle de chefs
alamans et francs.
4. Leuvigild aurait écrit à Frédégonde de faire assassiner Childebert et sa
mère et d'acheter Gontran. Ce projet échoua. Gontran poursuivit la guerre
sans succès. Il refusa deux fois la paix aux envoyés de Leuvigild. A la mort
de ce roi (586), il la refusa à son fils Reccared, qui traita avec Childebert. Cf.
Greg. Tur., *H. F.*, VIII, 28-30, 35, 38, 45; IX, 1.
5. Peut-être ce personnage était-il encore enfant lorsque mourut son père.
Cf. Hartmann, *op. cit.*, p. 64. Paul, *Hist. Langob.*, III, 16, mentionne la reconnaissance d'Autharis avant l'expédition austrasienne de 584; mais il dit (III,
17) : « Langobardi vero in civitatibus se communientes... pacem cum Childe-
perto fecerunt. » L'unité du royaume lombard n'était donc pas encore faite à ce
moment.

quée à attaquer leurs forces unies. Les troupes byzantines, secondées par le duc Droctulf qui ne s'était pas joint aux autres, remportèrent cependant quelques succès aux environs de Ravenne en 584 ou 585[1]; mais la péninsule était menacée de tous côtés par les envahisseurs. Une lettre de Pélage II au diacre Grégoire, le futur Grégoire le Grand, son apocrisiaire à Constantinople, signalait le péril à l'empereur[2]. Le pape y constatait l'insuffisance et l'impuissance des garnisons byzantines et demandait des renforts (4 octobre 584). Bien que Byzance ne le reconnût pas, Autharis prit, comme l'avaient fait les rois Ostrogoths légitimes, le nom de « Flavius », essayant de justifier ainsi sa domination[3]. Sa politique fut très nette et très habile. Il essaya d'abord de séparer ses deux adversaires et de traiter avec chacun d'eux, pour gagner du temps et procéder à l'organisation de l'état lombard[4].

Avec les Byzantins, il avait conclu en 585 une trêve pour trois ans[5]. Il voulut alors se rapprocher de l'Austrasie, envoya des présents à Childebert II et lui demanda la main de sa sœur Clodosinde[6]. Childebert promit. Ce rapprochement eût été très défavorable aux intérêts de l'empire. Des liens de parenté avaient autrefois uni les deux races royales. Une fille de Clotaire Ier avait épousé le Lombard Alboïn[7]. Autharis songeait à renouer ces relations, au profit de l'état qu'il voulait constituer. Cette politique d'alliances matrimoniales a été comparée à celle de Théodoric le Grand, qui chercha à consolider sa domination en s'appuyant sur les royautés barbares d'Occident[8]. Mais la souveraineté de Théodoric en Italie, reconnue des Byzantins, était autrement bien assurée que celle d'Autharis.

C'est la politique espagnole de Brunehaut et de son fils qui vint

1. Paul, *Hist. Langob.*, III, 18, 19. Droctulf fut d'abord battu par les Lombards, qui s'emparèrent de Ravenne et signèrent avec le patrice Smaragd, qui commandait dans cette ville, une trêve de trois ans. Puis il construisit une flotte et prit Classis aux Lombards, avec le secours des Byzantins, « adminiculo saepe Ravennatium ». Ceux-ci n'observèrent donc pas rigoureusement la trêve.

2. « Maximae partes Romanae omni praesidio vacuatae videntur et exarchus scribit nullum nobis posse remedium facere, quippe qui nec ad illas partes custodiendas se testatur posse sufficere » (*Mon. Germ. Epist.*, II, p. 440-441; Jaffé, *Regesta*, 1052).

3. Paul, *Hist. Langob.*, III, 16.

4. Cf. Hartmann, *Gesch. Italiens*, II[1], *loc. cit.*

5. Cf. *supra*, n. 1.

6. Greg. Tur., *H. F.*, IX, 23; Paul, *Hist. Langob.*, III, 28.

7. Greg. Tur., *H. F.*, IV, 3; Paul, *Hist. Langob.*, I, 27; *Origo gentis Langob.*, c. 5.

8. Cf. Hartmann, *Gesch. Italiens*, II[1], p. 67.

détruire les espérances du roi lombard. Un grand événement venait de se produire en Espagne : Reccared et son peuple s'étaient ralliés au catholicisme[1]. Après cette conversion, le roi wisigoth envoya une ambassade à Gontran et à Childebert. Le premier refusa la paix qui lui était offerte, le second fut de meilleure composition. Reccared offrait de se purger par serment du crime, qu'on lui imputait, d'avoir causé la mort d'Ingonde ; il donnerait 10,000 sous d'or pour s'assurer l'amitié constante des souverains d'Austrasie. Elle lui fut acquise à ce prix. Comme il demandait, en outre, la main de Clodosinde[2], déjà promise à Autharis, Brunehaut et Childebert exigèrent un délai, tout en donnant une réponse favorable en principe. Ils n'osaient pas, disaient-ils, s'engager sans le consentement de « l'oncle » Gontran[3].

Ils ne l'obtinrent pas sans peine. Ce consentement leur importait, car Childebert était lié à Gontran par le pacte d'Andelot (587)[4]. Les deux rois luttaient de concert contre l'aristocratie, depuis que Brunehaut, à la mort du second gouverneur de son fils, Wandelin[5], avait pris en Austrasie la direction du gouvernement. Gontran jugea qu'il n'était point convenable d'envoyer Clodosinde « dans le pays où l'on avait fait périr sa sœur Ingonde ». Il finit pourtant par céder, à condition que Childebert observerait fidèlement les clauses du pacte d'Andelot[6]. Ses résistances tenaient à ses visées sur la Septimanie, qui le mettaient en conflit avec les Wisigoths.

Ce rapprochement entre l'Austrasie et l'Espagne s'explique par les liens de parenté qui unissaient les deux familles royales[7] (Goeswinthe, mère de Brunehaut, avait épousé Leuvigild) et par le bon vouloir dont Reccared avait fait preuve. La conséquence du mariage du roi wisigoth avec Clodosinde fut l'exil indéfini du jeune Athanagild, que Brunehaut et Childebert n'avaient aucun intérêt à réclamer, puisqu'il n'eût pu leur servir que contre Reccared[8]. Ils lui

1. Greg. Tur., *H. F.*, IX, 15. Johann. Biclar. ad ann. 587 (p. 218).

2. D'abord fiancé à Rigonthe, fille de Chilpéric (cf. *supra*), Reccared n'avait pas pu l'épouser. Comme elle se rendait en Espagne, cette princesse avait été dépouillée. Elle vivait misérablement à Toulouse, d'où sa mère, Frédégonde, la fit ramener en 581 (Greg. Tur., *H. F.*, VII, 39).

3. Greg. Tur., *H. F.*, IX, 16.

4. Greg. Tur., *H. F.*, IX, 11 (texte du traité. *Ibid.*, IX, 20).

5. En 585. Cf. Greg. Tur., *H. F.*, VIII, 22.

6. Greg. Tur., *H. F.*, IX, 20. L'entrevue eut lieu en 588.

7. Voir plus haut le tableau généalogique des deux familles.

8. En projetant de s'allier à Autharis, Childebert II avait déjà renoncé à ravoir Athanagild, puisqu'il avait rompu avec les Byzantins qui détenaient l'enfant.

envoyèrent, par la suite, des lettres affectueuses[1] ; mais son importance politique était devenue subitement nulle. Nous nous écartons ici de la thèse de Gasquet et de Hartmann. La possession d'Athanagild par les Byzantins n'a eu d'effet sur la politique àustrasienne que jusqu'en 587, date du rapprochement de Childebert avec le roi wisigoth d'Espagne. Il faut chercher ailleurs les causes des expéditions de 588, 589 et 590.

La rupture des engagements pris envers Autharis n'entraînait pas forcément la reprise des hostilités. Le roi lombard, déçu, avait trop intérèt à se résigner. Il se contenta d'une princesse bavaroise, Théodelinde, fille du duc Garibald[2]. Les Bavarois tenaient les passages des Alpes du Nord, et, bien que dépendant des rois d'Austrasie, ils pouvaient s'opposer à une descente des Francs en Italie. Le mariage fut célébré à Vérone, le 15 mai (588 ou 589), en présence des grands du royaume. A cette date, Autharis avait défait les Austrasiens[3] ; mais ceux-ci avaient réduit les Bavarois[4].

Childebert ne redoutait pas plus les effets du mécontentement d'Autharis qu'il ne tenait à ravoir Athanagild. S'il a repris la guerre contre les Lombards, c'est uniquement parce que, libre de tout souci du côté de l'Espagne, il désirait conquérir pour lui-même, comme son ancètre Théodebert, la plaine du Pô. Il n'avait pas besoin de se donner un prétexte : attaquer les Lombards, c'était agir en fidèle allié de Byzance et mériter la reconnaissance de l'empereur. Childebert II n'attendit pas d'y être sollicité. Les soldats étaient tout disposés à envahir l'Italie. Il fit demander à son oncle de participer à l'entreprise par les mêmes ambassadeurs qui devaient obtenir le consentement de Gontran au mariage projeté de Clodosinde avec Reccared[5]. Les paroles de son principal envoyé, Félix, rapportées par Grégoire de Tours qui assistait à l'entrevue, ne laissent aucun doute sur ses intentions. Il est étonnant que les historiens ne les aient pas relevées. Childebert, au dire de Félix, veut

---

1. *Epist. Austras.*, 27 et 28, p. 139-140.

2. Paul, *Hist. Langob.*, III, 30. Cf. Richter, *Annalen des frânk. Reichs*, p. 92, n. 2.

3. Voir plus loin.

4. Paul, *Hist. Langob.*, III, 30 : « Cum propter Francorum adventum perturbatio Garibaldo regi advenisset. » Vers 595, Childebert nomma Tassillon duc de Bavière (« rex », dit Paul), IV, 7.

5. Greg. Tur., *H. F.*, IX, 20. Voici les paroles de Félix à ce sujet : « Deprecatur etiam pietatem vestram, ut ei solatium contra Langobardos tribuatis, qualiter expulsi de Italia, *pars illa quam genitor suus vindicavit vivens ad eum revertatur*, reliqua vero pars per vestrum suumque solacium imperatoris dicionibus restituatur. » Sur ces possessions, voir aussi *H. F.*, X, 3.

recouvrer les possessions de son père Sigebert en Italie. Nous ignorons la situation de ces possessions, leur valeur, les droits de Sigebert sur elles et l'usage qu'il en avait fait; mais il résulte du passage que les Lombards s'en étaient emparés. C'étaient peut-être les débris des acquisitions de Théodebert et de Théodebald, perdues en 553[1]. Childebert veut aussi, dit Félix, aider l'empereur à reconquérir le reste de l'Italie. Son intérêt était d'engager Gontran dans l'aventure, pour s'éviter des surprises en Gaule. Mais le roi de Bourgogne repoussa l'invite. Il prétexta qu'une épidémie ravageait l'Italie et refusa de participer à l'expédition. Toujours hanté par l'idée de conquérir la Septimanie, il voulait porter tous ses efforts contre les rois wisigoths. Il ne devait renoncer à ce projet qu'après avoir essuyé, en 589, un échec définitif[2].

Le refus de Gontran ne découragea pas Childebert. Il adressa en 588 une ambassade à Maurice[3], en l'assurant qu'il allait, de concert avec lui, chasser les Lombards d'Italie, ce qu'il n'avait pas encore fait. L'ambassade comprenait, entre autres personnages, Sennodius, homme illustre, le spathaire Gripon, le cubiculaire Radanès et le notaire Eusèbe. Ces envoyés étaient porteurs de quatorze lettres[4]

---

1. Voir Procope, *Bell. Goth.*, III, 33 ; IV, 24 ; Greg. Tur., *H. F.*, IV, 9.

2. Greg. Tur., *H. F.*, IX, 31. Cf. Richter, *Annalen*, p. 93, n. 6. Son armée fut anéantie près de Narbonne par le général wisigoth Claudius.

3. Greg. Tur., *H. F.*, IX, 25 ; Paul, *Hist. Langob.*, III, 29.

4. *Epist. Austras.*, 25-29, p. 136-145. Cf. *supra*, p. 10, n. 3. Ces quatorze lettres (nous avons deux rédactions d'une d'entre elles, 29, 30, p. 140-141) appartiennent toutes au même envoi, celui de 588. Il y est uniquement question d'une paix durable que Childebert veut établir entre l'Austrasie et Byzance. La question d'Athanagild y tient fort peu de place. — Nous ne savons rien des envoyés de Childebert mentionnés dans ces lettres ; seul l'un d'entre eux, Gripon, est nommé par Grégoire de Tours (*H. F.*, X, 2, 4). Ils avaient été choisis parmi les plus hauts dignitaires du palais. Grégoire (*Ibid.*) donne le nom d'autres ambassadeurs, Bodégisèle, fils de Mummole de Soissons, et Évance, fils de Dynamius d'Arles, et nous raconte les pertes que l'ambassade fit à Carthage. — Voici quelques précisions qui compléteront l'exposé des négociations : Maurice, le premier, avait envoyé une ambassade à Childebert (il comprenait sans doute le parti que Byzance pouvait tirer de la rupture de ce roi avec Autharis) pour renouer les relations avec l'Austrasie. C'est ce qui résulte des lettres 25 et 26 [« sicut legatariis vestris praediximus », l. 25 ; « sicut legatariis vestris promisimus », l. 26]. — Brunehaut fait valoir la part qui lui revient dans la décision de Childebert II. C'est elle qui a donné à son fils le conseil de se rapprocher de Byzance [« significamus nos pacis dedisse consilium », l. 26]. C'est elle qui a préféré l'alliance de Reccared à celle d'Autharis. Elle est l'âme de la politique austrasienne. Les deux rédactions de la lettre qu'elle a écrite ou fait écrire (29, 30) ne diffèrent point par le ton et le sentiment. Nous ignorons laquelle des deux fut envoyée. — Childebert s'adresse à tous les personnages qui peuvent avoir quelque influence sur l'empereur : à Jean le Jeûneur, patriarche de Cons-

adressées par Childebert et Brunehaut à Maurice, à l'impératrice Anastasie, au patriarche de Constantinople et à divers grands personnages d'Orient et d'Italie, chargés de favoriser le rapprochement des deux puissances. Le texte, très court, de ces lettres, ne varie presque pas de l'une à l'autre. Seuls changent avec chaque destinataire les compliments emphatiques de l'exorde. Il est uniquement question d'établir entre l'Austrasie et l'empire une paix durable. Des instructions orales, plus précises, avaient été données aux ambassadeurs. Deux de ces lettres étaient adressées à l'enfant Athanagild, qui était maintenant en âge de comprendre[1]. Brunehaut et Childebert lui témoignaient leur affection et l'informaient de l'objet de l'ambassade. Le roi ajoutait : « Vous pourrez apprendre de nos envoyés les projets et les vœux que nous formons pour votre situation[2]. » Il ne faut voir là qu'une promesse sans importance, destinée à montrer à l'enfant qu'on s'intéressait à son sort[3].

Les Lombards ne sont pas nommés dans ces lettres. Elles ont pour unique objet de prouver à l'empereur la bonne volonté des souverains d'Austrasie, dont il pouvait douter depuis 585. Les instructions orales tendaient à faciliter la coopération des Francs et des Byzantins.

tantinople (l. 31); à l'apocrisiaire du pape auprès de l'empereur (32); à l'évêque de Mélitène, Domitien, parent de Maurice, qui résidait à Constantinople (33); au maître des milices Théodore (34); au questeur Jean (35); au grand curateur (36); au père de l'empereur, Paul (37) [Gundlach croit qu'il s'agit du père de l'exarque. Mais tout prouve qu'il s'agit du père de Maurice, qui ne fut pas lui-même empereur. Le copiste a écrit « hoc est patrem imperatoris ». Noter : « Ut de vestro germine procrearetur feliciter qui gubernaret imperia. » Le doute n'est pas permis]; à l'exarque (38) [« Inlustro atque magnificentissime Italicae patriciae », corr. « magnificentissimo Italiae patricio »]; au patrice Venantius (39). Ces personnages nous sont, pour la plupart, connus par les lettres de Grégoire le Grand, qui fut en rapports avec eux. Cf. *Mon. Germ. Epist.*, II (index personarum). — Les démarches multiples que nous fait connaître cette série peu variée de lettres montrent que la chancellerie austrasienne s'était maintenue en relations assez étroites avec le monde italien et oriental.

1. L'ambassade de 585, chargée d'obtenir sa mise en liberté, n'emportait aucune lettre qui lui fût destinée. Il était sans doute alors tout enfant.

2. *Epist. Austras.*, 28, p. 140.

3. Il se peut que Childebert et Brunehaut se soient préoccupés de régler sa situation et de le rapprocher d'eux. Mais nous avons vu pourquoi ils n'avaient aucun intérêt politique à le faire. Pouvait-on craindre que Maurice se servît un jour d'Athanagild pour l'opposer à Reccared? C'eût été prévoir les événements de bien loin. Si Brunehaut voulait rentrer en possession de l'enfant, c'était sans doute par pure affection. Les termes de sa lettre (26) le donnent à penser.

Avant l'arrivée en Italie des troupes de Childebert, les Lombards avaient repris l'offensive contre les armées impériales[1]. Vers 587, le maître des milices Francion, cerné dans Comagène, se rendait après six mois de siège[2]. Autharis achevait de conquérir l'Italie du Nord. Le duc de Trente, Evin, conduisait pour lui une opération contre l'Istrie[3]. Un autre duc, Grasulf, qui avait d'abord servi l'empereur, se ralliait vers cette date au roi lombard[4]. Telle était la situation de l'Italie quand l'armée de Childebert franchit les Alpes. L'initiative de l'attaque, qui, cette fois, venait de lui, ne fut pas récompensée par le succès. L'expédition s'acheva par un désastre sans précédent; beaucoup de Francs furent tués ou pris; le reste s'enfuit et revint avec peine dans ses foyers[5]. Les troupes byzantines ne sont mentionnées par aucun historien comme ayant pris part au combat. Peut-être la cause en est-elle dans les lenteurs de l'ambassade envoyée par Childebert.

Gripon et ses compagnons ne traversèrent pas les Alpes pour se rendre en Italie, où les appelait leur mission, et, de là, à Constantinople. Les Lombards, qui occupaient la plaine du Pô, ne leur eussent pas permis de joindre l'exarque. Ils s'embarquèrent à Marseille, autant qu'on peut le supposer, pour contourner la péninsule. Leur départ eut lieu vers la fin de l'année 588, peu avant le désastre des armées austrasiennes[6]. Dans les premiers mois de l'année suivante, ils abordèrent à Carthage[7]. Là, tandis qu'ils attendaient du gouverneur de la ville l'ordre et, sans doute, les moyens de se rendre à Constantinople, un vol suivi de meurtre commis par un de leurs ser-

---

1. Peut-être, dès 586, les Byzantins avaient subi un grave échec. Cf. Johann. Biclar. ad ann. 586 (p. 217) : « Autharic Langobardorum rex cum Romanis congressione facta superat et caesa multitudine militum Romanorum, Italiac fines occupat. » Hartmann croit cette indication douteuse, étant donné que la chronologie de Jean de Biclar est peu sûre. Cette victoire des Lombards aurait, selon lui, précédé la signature de la trève entre Smaragd et Autharis. L'affirmation du chroniqueur n'est pourtant pas invraisemblable. Nous avons vu que cette trève ne fut pas rigoureusement observée par les Byzantins, non plus que par les Lombards. Cf. *supra*, p. 13, n. 1. Les historiens grecs font dater de septembre 587 la réouverture des hostilités entre les Lombards et les Byzantins. Cf. Hartmann, *op. cit.*, p. 83.

2. « Amacina ». Paul, *Hist. Langob.*, III, 27, p. 108. Ile du lac de Côme. Cf. *Ibid.*, IV, 3; VI, 1.

3. Paul, *Hist. Langob.*, III, 27. L'opération, fructueuse, se termina par une trève d'un an.

4. Voir *supra*, notamment p. 3, n. 3, et plus loin p. 23.

5. Greg. Tur., *H. F.*, IX, 25; Paul, *Hist. Langob.*, III, 29.

6. Ce désastre est le dernier événement que Grégoire mentionne en l'année 588.

7. Greg. Tur., *H. F.*, X, 2; Paul, *Hist. Langob.*, III, 31.

viteurs amena le massacre de plusieurs d'entre eux, parmi lesquels Évance, fils de Dynamius d'Arles[1]. Gripon dit alors aux Carthaginois : « Dieu… vengera la mort de ceux qui ont péri sous vos coups, car vous les avez tués quand nous venions en paix et sans mauvaise intention. Et il n'y aura plus de paix entre nos rois et votre empereur. Car nous venions pour faire la paix (avec lui) et pour porter secours à la république. » Le gouverneur s'efforça de l'apaiser et lui procura les moyens de se rendre auprès de l'empereur. Il arriva à Constantinople en 589 ; Maurice lui donna l'assurance que le meurtre serait vengé comme l'entendrait Childebert[2] ; puis il le renvoya avec des présents. Gripon ne fut de retour en Austrasie qu'en 590. Il avait rempli sa mission et, sans doute, conclu l'alliance. Nous ignorons s'il avait pu remettre à l'exarque la lettre qui lui était destinée.

Cependant, Childebert voulait venger l'échec essuyé par ses généraux en 588. L'année suivante, il leva une armée et se prépara à passer lui-même en Italie. Autharis, dont les succès n'avaient pas troublé le jugement, sentit qu'il ne pourrait pas faire face à une attaque combinée des Francs et des Byzantins. Ces derniers, commandés maintenant par le patrice Romanus, qui avait succédé à Smaragd[3], remportèrent plusieurs victoires. Deux lettres de Romanus nous l'apprennent : « Avant que vos généraux », écrit-il, « pénétrassent sur le territoire de l'Italie (il s'agit ici de la campagne de 590[4]), Dieu… nous permit d'entrer dans Modène et dans Altino, et nous primes de force la place de Mantoue…[5]. » Gisulf II, fils de

---

1. Sur l'identité de ce personnage, cf. F. Kiener, *Verfassungsgeschichte der Provence* (1900), p. 259-262, et M. Manitius, *Zu Dynamius von Massillia*, dans les *Mitt. Œsterr. Gesch.*, t. XVIII (1897), p. 225-232. Il est distinct du Dynamius « rector provinciae » dont Grégoire parle ailleurs. Cf. notamment *H. F.*, VI, 7, 11 ; IX, 11, etc…

2. Maurice envoya au roi d'Austrasie douze Carthaginois, avec la faculté de les mettre à mort ou d'exiger d'eux une rançon. Childebert refusa de les recevoir (Gripon lui ayant dit que les coupables étaient au nombre de 2 ou 3,000), parce qu'il ne lui suffisait pas de faire exécuter quelques misérables esclaves. Il décida donc d'envoyer une ambassade à Maurice pour obtenir plus ample satisfaction (Greg. Tur., *H. F.*, X, 4). Nous ne savons pas s'il le fit. Ces événements sont rapportés par Grégoire après l'expédition de 590. Childebert hésitait alors à reprendre la guerre contre les Lombards. Il songeait, sans doute, à abandonner son allié.

3. Paul, *Hist. Langob.*, III, 26.

4. Il faut peut-être rapporter aux années 589 et 590 les renseignements de date incertaine que nous donne Jean de Biclar (J. Biclar. ad ann. 587, p. 218) : « Romani per Francorum adjutorium Longobardos vastant et provinciae Italiae partem in suam redigunt potestatem. »

5. Voir plus loin.

Grasulf, duc d'Istrie, se tournait vers Byzance, comme autrefois son père, et favorisait l'offensive de l'exarque[1]. Celui-ci disposait d'effectifs plus nombreux, parce que la guerre entre Maurice et les Perses venait de prendre fin[2]. Autharis, déposant tout orgueil, envoya donc une ambassade à Childebert : il offrait de lui payer tribut et de le seconder contre ses ennemis. Le roi d'Austrasie mit Gontran au courant de ces offres et le roi de Bourgogne lui conseilla de les accepter[3]. Childebert arrêta son armée et envoya des députés aux Lombards, avec l'ordre de ramener l'armée si les promesses étaient confirmées. Mais, dit Grégoire qui rapporte cette négociation, cela n'eut point de suite[4]. Pourtant l'armée austrasienne n'agit aucunement et, sans doute, s'en retourna ; soit que Childebert hésitât devant les dangers d'une nouvelle entreprise, soit qu'il voulût attendre le retour de Gripon pour connaître les intentions de l'empereur et se concerter avec l'exarque. Dès que son ambassadeur fut revenu, le roi fit attaquer les Lombards[5].

Nous sommes mieux renseignés sur l'expédition de 590 que sur celles qui l'ont précédée. Les renseignements sont de provenance franque et byzantine et ne présentent entre eux, quoi qu'on en ait dit, aucune contradiction[6].

1. *Epist. Austras.*, 41, p. 147.

2. Hartmann, *op. cit.*, p. 73 et 83, en fait la remarque.

3. Gontran, fort occupé à combattre les Wisigoths, eût vu avec plaisir son neveu se rapprocher des Lombards. Il ne lui pardonnait pas de s'être allié avec les possesseurs de la Septimanie (Greg. Tur., *H. F.*, IX, 31). De plus, il eût été heureux de le voir abandonner l'alliance impériale qui lui rappelait le fâcheux souvenir de Gondovald.

4. Greg. Tur., *H. F.*, IX, 29.

5. *Ibid.*, X, 3 : « Haec a Grippone Childeberto regi relata, confestim exercitum in Italiam commovere jubet. »

6. Cf. Gundlach, *Neues Archiv*, XIII, p. 375-377, note. Il s'agit du récit de Grégoire de Tours et des deux lettres d'un exarque à Childebert (*Epist. Austras.*, 40 et 41, p. 145-149). Ces deux lettres sont de la même date. Toutes deux relatent la prise de Modène, Altino, Mantoue, Reggio, Parme et Plaisance par les Byzantins. Toutes deux contiennent le conseil d'attaquer avant que les Lombards aient rentré leurs moissons. Elles ont trait à la campagne de 590. La deuxième parle, en outre, des préparatifs de l'exarque pour réduire Grasulf, duc d'Istrie. L'exarque est appelé « Romanus » dans la suscription de la deuxième lettre et « Romanorum imperatore » dans celle de la première ; mais sans doute il faut lire « Romano imperatore ». C'est le même exarque dans les deux cas. Il n'y a aucune raison de supposer, avec Gundlach, qu'il s'agit du patrice Smaragd. — Romanus ne fut pas envoyé en Italie avant 587. Il remplaça Smaragd, qui était encore exarque après la mort d'Hélie, patriarche d'Aquilée, en 587 (Paul, *Hist. Langob.*, III, 26). Il est donc impossible d'admettre que ces lettres se rapportent à la campagne de 585. Nous ne savons de cette dernière expédition qu'une chose : elle échoua par suite

Childebert, dit Grégoire de Tours[1], envoya vingt ducs faire la guerre à la nation des Lombards. L'historien en nomme quelques-uns : Audovald, Vintrion, Olon, Chedinus (le duc Henus dont il est question dans les deux lettres de l'exarque); d'autres sont désignés par Romanus : ce sont Leudefred, Olfigand, Rauding. Ces chefs commencèrent par piller les pays de Gaule qu'ils traversaient. Audovald, pour sa part, désola le territoire de Metz. Au pied des Alpes, l'armée austrasienne se divisa en deux corps. L'un, ayant à sa tête Audovald et six autres ducs, prit sur la droite et se porta vers Milan, par le Saint-Gothard. Il passa près de Bellinzona, au nord du lac Majeur; le duc Olon périt pour s'être approché imprudemment de cette forteresse lombarde. Les Francs remportèrent une

des dissentiments qui existaient entre les chefs. Nous ignorons même si les Francs, en 585, pénétrèrent en Italie, et il est vraisemblable qu'ils ne combattirent point. Il est absurde, pour plusieurs raisons, de penser que l'exarque fait allusion à ces événements, et parce que Romanus n'était pas en Italie en 585, et parce que les faits rapportés par l'exarque sont signalés, bien que de façon incomplète, par Grégoire de Tours, à l'année 590, et parce qu'un détail de la première lettre montre qu'elle fut écrite alors que Childebert II était déjà père de deux enfants vivants, c'est-à-dire après 587. [Cf. p. 145 : « Et gloria regni, quae tibi duplicata videtur, per filium triplicata, regnando nepotis muniatur. » La gloire de Childebert II a été augmentée du double par la naissance de deux fils, Théodebert (585), cf. Greg. Tur., *H. F.*, VIII, 37, et Thierry (587), *Ibid.*, IX, 4. La phrase fait allusion à la naissance d'un troisième héritier, qui vivra (« ut filiorum et nepotum vita servetur »). Il ne s'agit pas du fils mort-né de Childebert et de Faileube (589), *Ibid.*, IX, 38, car la lettre, si on ne la date pas de 585, ne peut se rapporter qu'aux événements de 590. La ponctuation de Gundlach, « Et gloria regni, quae tibi duplicata videtur per filium », autorise la traduction suivante : « Afin que la gloire de votre règne, doublée par la naissance d'un fils, soit triplée... » Il s'agirait alors de la naissance de Théodebert, en 585, et la conclusion nécessaire serait que la lettre date de 585 ou de 586 (en 587, Childebert avait déjà deux fils et l'auteur aurait mis « per filios » et non « per filium »). Nous rejetons la ponctuation de Gundlach parce que l'expression « triplicata muniatur » n'est pas naturelle; il faudrait « triplicata videatur ». La ponctuation des anciens auteurs, que nous adoptons, permet de construire « regnando nepotis (id est regnante nepote, per regnum nepotis) muniatur ». Il suit de là que la lettre est postérieure à la campagne de 590.] — Gundlach prétend que la date de 590 a contre elle la disposition toute chronologique des lettres qui forment la deuxième partie de la collection. Cette affirmation *est erronée*. La lettre de Gogon à Grasulf, la dernière du recueil (48), est antérieure à 581; le groupe des lettres de 588 est placé en tête (25-39); puis viennent les deux lettres de Romanus, écrites en 590 (en 585 suivant Gundlach); celle de Maurice à Childebert (584 ou 585), voir plus haut (42); enfin le groupe de 585 (43-47). L'argument est sans valeur.

1. *H. F.*, X, 3. Sur ces événements, Paul Diacre (*Hist. Langob.*, III, 21) complète heureusement Grégoire. Il était documenté par un écrit de Secundus, évêque de Trente. Sur Secundus, cf. *SS. rer. Langob. et Italic.*, p. 25, n. 3.

victoire sur le lac de Lugano ; mais ils n'en tirèrent aucun parti. Des envoyés de l'exarque vinrent alors à leur rencontre et leur annoncèrent l'arrivée prochaine d'une armée byzantine. Elle devait être rendue avant trois jours et son approche signalée par l'embrasement d'un sommet. Les Austrasiens attendirent six jours sans voir rien venir[1]. Il est probable qu'ils s'avancèrent alors vers Milan, tandis que les Lombards s'enfermaient dans leurs places fortes.

Cependant Chedinus, avec treize autres ducs, entra par la gauche en Italie, c'est-à-dire, sans doute, par la haute vallée de l'Adige. Il s'empara de plusieurs places situées dans le diocèse de Trente : Tesino, Male nel val di Sole, Cembra, Volano, Valsugana, etc...[2], et fit prisonniers tous les habitants, romains comme lombards[3]. Comme il campait près de Vérone, à vingt milles de l'armée byzantine[4], l'exarque Romanus lui envoya des députés pour combiner avec lui son attaque. Mais Chedinus avait déjà signé une trêve avec Autharis. Il envoya pourtant trois de ses généraux vers l'exarque et l'on convint d'attaquer le roi lombard qui s'était retranché dans Pavie tandis que ses ducs s'étaient enfermés dans diverses places fortes. L'armée byzantine, qui venait d'enlever Mantoue, appuyée sur sa droite par les troupes de Chedinus, marcherait sur Pavie pour en faire le siège. La flotte byzantine remonterait le Pô et le Tessin inférieur pour seconder leur action[5]. La députation envoyée à l'armée franque d'Audovald avait pour but de s'assurer son concours. Venant du côté de Milan, cette armée eût complété l'investissement de Pavie. Mais Audovald n'attendit que pendant six jours les forces qu'on lui annonçait et l'exarque dut se résigner à opérer sans lui. Le plan de Romanus était fortement conçu. Il échoua par

---

1. Il est évident que ces faits ne sont pas ceux que Romanus rappelle dans sa lettre à Childebert. Mais Gundlach a tort d'en conclure qu'ils se soient passés en 585 et non en 590. Il faut distinguer soigneusement les deux démarches de Romanus auprès des chefs francs : 1° l'exarque avait besoin du secours d'Audovald pour prendre Autharis à revers. Des événements imprévus l'empêchèrent sans doute d'envoyer un corps de troupes à sa rencontre. Audovald put croire que Romanus avait manqué de parole ; 2° l'exarque, n'ayant pu s'assurer le concours d'Audovald, se contenta d'opérer avec Chedinus, plus rapproché de lui. Mais ce chef traita avec les Lombards. Il est naturel que Grégoire (source franque) insiste sur la défection des Byzantins (1°), et Romanus sur la trahison des Austrasiens (2°). Il n'y a là aucune contradiction.

2. Paul, *Hist. Langob.*, III, 31 (p. 111, cf. notes).

3. *Ibid.* Les évêques Agnellus et Ingenuinus en rachetèrent une partie.

4. Première lettre de Romanus à Childebert (*Epist. Austras.*, 40). Les renseignements donnés par Paul Diacre, qui suit ici Secundus, par Grégoire et Romanus concordent parfaitement et se complètent.

5. Première lettre de Romanus à Childebert (40).

suite de la mauvaise volonté des Austrasiens. Chedinus préféra observer la trêve de dix mois qu'il avait conclue avec Autharis que de seconder l'effort décisif des Byzantins. Son inertie sauva les Lombards.

Au bout de trois mois, les armées franques qui avaient employé leur temps à piller le pays, sans pouvoir attaquer les Lombards retranchés dans les places fortes, s'en retournèrent pour mettre leur butin en sûreté. Les soldats souffrirent beaucoup des maladies et de la faim ; en route, ils furent réduits à vendre leurs armes et leurs vêtements pour acheter des vivres. Ces bandes avaient toutefois repris possession des territoires qui avaient appartenu à Sigebert[1].

L'exarque, de son côté, ne pouvant compter ni sur Audovald, ni sur Chedinus, et n'osant pas opérer seul contre Autharis, se contenta d'attaquer quelques villes qui étaient au pouvoir des Lombards. Il leur enleva, comme il avait déjà fait de Modène, d'Altino et de Mantoue, les places de Reggio, Parme et Plaisance[2]. Il reçut à Mantoue la soumission de plusieurs chefs lombards. Puis il se tourna vers l'Istrie, profitant de la trahison de Gisulf et des secours que lui amenaient le patrice Nordulf et un personnage nommé Osson[3]. Il se proposait d'aller y combattre Grasulf. Notifiant à Childebert II les succès qu'il venait de remporter, il lui écrivait : « Il est certain que vous avez été fort mécontent de voir vos généraux revenir sans avoir exécuté vos ordres. Marquez-leur votre courroux et prescrivez-leur d'accomplir en toute hâte les promesses que vous avez faites à vos parents, nos souverains sérénissimes, pour que cette exécution augmente la reconnaissance qu'ils vous portent, et pour que vos généraux attaquent au moment où la moisson des ennemis sera dehors. Faites-nous savoir de quel côté et à quelle époque nous devons les attendre. Nous espérons surtout que, dans sa descente en Italie, l'armée des Francs ne pillera pas les Romains et ne réduira pas en esclavage les populations en faveur desquelles nous demandans votre assistance...[4]. » Ainsi les Byzantins ne renonçaient pas à se passer des Francs, malgré les résultats médiocres qu'avait donnés leur concours.

Quant aux Lombards, voulant toujours se soustraire au danger d'une attaque combinée, ils essayèrent, une fois encore, de se concilier Childebert ; ils adressèrent des ambassadeurs à Gontran, qui les accueillit bien et les envoya vers son neveu. Pendant leur séjour

1. Greg. Tur., *H. F.*, X, 3.
2. Lettres de Romanus à Childebert (40, 41).
3. Deuxième lettre de Romanus à Childebert (41).
4. *Ibid.*, p. 148.

en Austrasie, de nouveaux députés vinrent annoncer la mort d'Autharis[1]. Childebert renvoya les uns et les autres sans réponse. Il hésitait à ce moment, mesurant les profits et les risques d'une nouvelle expédition en Italie. Il se décida, en 591, à accepter les offres de paix que lui apporta, au nom du nouveau roi lombard Agilulf, Évin, duc de Trente[2]. L'évêque Agnellus vint réclamer, au nom d'Agilulf, les prisonniers que les Francs avaient faits pendant la campagne. Brunehaut en racheta quelques-uns avec son propre argent. Hartmann a noté l'importance de ce détail[3] : la reine, qui avait contribué à l'alliance des Austrasiens avec Byzance, marquait ainsi qu'elle y renonçait.

Nous concluons, avec cet auteur, que les efforts de Maurice, pour faire des Austrasiens les auxiliaires de sa politique italienne, aboutirent à un échec. Childebert avait envoyé, à plusieurs reprises, des armées en Italie; mais c'était surtout avec le dessein de reconquérir les anciennes possessions franques. Il ne persévéra pas dans cette intention, ne se fit pas scrupule de mentir à ses promesses et se résigna à laisser les Lombards maîtres de la plaine du Pô. Durant les expéditions que nous avons retracées, les ducs austrasiens se montrèrent incapables d'une opération militaire sérieuse et d'un plan rigoureusement concerté. Soucieux, avant tout, de piller le pays, ils ne mirent pas plus de zèle à exécuter les ordres de Childebert II que celui-ci n'en avait mis à tenir ses engagements envers l'empereur. Le royaume lombard, en formation, bénéficia de ce manque de sens politique et de capacités militaires chez ceux qui auraient pu être alors ses adversaires les plus redoutables. Byzance ne renonça pas à la lutte; mais celle-ci devenait vaine. La conversion des Lombards au catholicisme, entreprise par Théodelinde, les bons rapports de cette princesse avec le Saint-Siège, sous le pontificat de Grégoire le Grand, allaient consolider pour un temps la situation des envahisseurs[4]. Les Francs, après avoir pris pied en Italie une première fois (539-553), n'avaient pas pu s'y maintenir. Childebert II ne parvint pas à s'emparer de la plaine du Pô, parce que sa politique manquait

1. Greg. Tur., *H. F.*, X, 3; Paul, *Hist. Langob.*, III, 34-35.

2. Paul, *Hist. Langob.*, IV, 1 : « Evin quoque, dux Tridentinorum, ad optinendam pacem ad Gallias perrexit : qua impetrata regressus est. » [A la mort d'Autharis, les ducs lombards avaient dit à sa veuve Théodelinde de se choisir un autre époux : son choix se porta sur Agilulf, duc de Trente. Paul, *Hist. Langob.*, III, 35. Sur la méprise de Grégoire, cf. Hartmann, *op. cit.*, p. 84, n. 15; Richter, *Annalen*, p. 94.]

3. Hartmann, *op. cit.*, p. 77.

4. *Ibid.*, p. 85 et suiv.

de continuité et ses armées de chefs (585-590). Plus d'un siècle et demi devait s'écouler avant que les rois francs, appelés cette fois par le pape et non plus par l'empereur[1], pussent entamer et détruire la domination lombarde.

Cette étude a été faite à la suite d'un travail qui portait sur l'ensemble des *Epistolae Austrasicae*. Nous donnons ici quelques corrections que nous proposons au texte de certaines lettres étrangères à notre étude :

P. 112 de l'édition Gundlach, l. 20, « vivit vestrae fidei, et, si est conspectus desiderio receptae », *corr.* « etsi est conspectus desiderio erepta » : elle (Alboflède) demeure vivante pour votre foi, bien que ravie à vos yeux qui demandent à la voir ; l. 26, *lire* « guberna... sumens » ; l. 27, « conforta », *corr.* « confortat » : la joie raffermit l'énergie. — P. 115, l. 26, *lire* « pascere, omnimodis inperitus, alimonia caelestis ubertatis » ; l. 33, « Facta igitur merita, quae praepositis qua probata, corrigenda castigat », *corr.* « Facta igitur merita quae praeponitis, ea probata corrigenda, castigat » : il châtie, en montrant qu'elles sont condamnables, des actions que vous prétendez justifiées. — P. 116, l. 18, « totius », *corr.* « tutius » ; l. 30, « qui generosi sanguinis nobilitatis humilitate praevexit », *corr.* « quem... nobilitas humilitasque » : qui dut à la noblesse et à l'humilité de son sang généreux de s'élever au rang... — P. 120, l. 39, « si pernominavero gradi esse videntur », *lire* « si per nomina vero » : il est vrai que les noms marquent une gradation. — P. 123, l. 8, « quae ita disseminat eloquentium ora detrahuntur », *corr.* « disseminata loquentium ore » : ces propos ainsi répandus. — P. 124, l. 34, *lire* « quod ambientes cuncti... nec metum trahunt ex privilegio culminis (s. e. vestri), ne repulsam metuunt de praeiudicio tarditatis (s. e. suae) » : c'est que personne, en s'adressant à Votre Grandeur, ne redoute les exigences que légitimerait votre souveraineté, ni ne craint de se voir repoussé en punition de son retard. — P. 125, l. 9, *lire* « praeclarae indolis laudem vestrae » : l'éloge de votre génie ; l. 28, « restauratur », *corr.* « restaurator » : toi qui fais sagement revivre le passé ; l. 41, « diem ubi damnatio non accipiet terminum, nunc jucunditas habet occasum », *corr.* « non jucunditas » : le jour suprême qui verra le châtiment éternel et la félicité impérissable. — P. 127, l. 10, *lire* « nobis patefieri, decrevissetis... cognove-

---

1. Cf. sur ce point Hartmann, *op. cit.*, II², p. 157-205 ; Bayet, *Remarques sur le caractère et les conséquences du voyage d'Étienne III en France* (*Revue histor.*, t. XX, p. 88-105) ; Diehl, *Études sur l'administration byzantine dans l'exarchat de Ravenne*, p. 218 et suiv. Nous ne prétendons pas que les négociations d'Étienne II avec Pépin aient été ignorées des Byzantins, encore qu'on exagère en présentant le pape comme le mandataire de l'empereur. Nous voulons simplement dire que dans ces négociations, si grosses de conséquences, c'est le pape, sans conteste, qui a tenu le premier rôle.

ratis » : plût à Dieu que vous nous eussiez révélé vos peines, vous
auriez connu... — P. 128, l. 4, « diversa videre », *corr.* « videri (s. e.
nobis) quos » : l'étendue des terres qui nous séparent ne saurait être
considérée comme un obstacle ; l. 30, *lire* « quem fidei titulus merces » :
toi que ton titre, juste récompense de ta foi ; l. 33, *lire* « auspicio
magni canende sui » : toi dont l'éloge doit être placé sous les auspices
de son illustre nom. — P. 129, l. 2, *lire* « frugiparensque manet » ; l. 26,
« perscrutatur », *corr.* « perscrutator ». — P. 130, l. 13, « saurina », *corr.*
« sarmenta » : de même que vous ouvrez des clairières dans les bois
en faisant couper les jeunes pousses ; l. 17, « indutia », *corr.* « indus-
triam » ; l. 22, « ebromat », *corr.* « informat » : façonne le talent malhabile
bile. — P. 131, l. 5, « decoratur, humilitate », *corr.* « decorat te,
humilitas tua » : si le rang glorieux de votre famille vous illustre,
votre humilité chrétienne... — P. 133, l. 10, « incolomes », *corr.*
« incolae » ; l. 11, « Pannoniae », *corr.* « Pannoniam », *sous-entendre*
« complectens » : votre domination embrasse. — P. 134, l. 34, « quem
decorato speculandi diu gratia », *corr.* « quem decorat speculando dei
gratia » : en qui la grâce divine, vigilante, fait éclater... — P. 137,
l. 10, *lire* « studio conjungamur » ; l. 11, *lire* « quis non admiretur
fontem nobis lucidissimum potentiam domini ostendisse, per quem
posset..., ad cuius amœnitatem currentes multae generationes homi-
num, ad salutis gloriam pervenirent » : comment ne pas admirer que
le Tout-Puissant nous ait montré cette source (de science) éclatante...
dont le charme, attirant de nombreuses générations d'hommes, devait
les faire parvenir à la gloire du salut ; l. 13, *lire* « et apostolicam
benedictionem (s. e. rogo, quae) jugo montium erectae Hierusalem
illius caelestis gloriam consecuta est » : votre bénédiction, qui a acquis
autant de gloire que cette Jérusalem céleste..., etc.

Nogent-le-Rotrou, imprimerie DAUPELEY-GOUVERNEUR.